IQ-Training
für
Kinder

Altersklasse: 8 – 12 Jahre
3. verbesserte Neuauflage

abwechslungsreich – spannend - effektiv

Aribert Böhme
Psychologische Beratung & Lerncoaching

Impressum

Alle Rechte liegen beim Autor
Düsseldorf, im Herbst 2019
E-Mail: Psychologische_Beratung_Boehme@gmx.de
Herstellung und Verlag: BoD - Books on Demand, Norderstedt
ISBN: 9783749422692
3. verbesserte Auflage (April 2021)

Bibliografische Information der Deutschen Nationalbibliothek

Die Deutsche Nationalbibliothek verzeichnet diese Publikation in der Deutschen Nationalbibliografie; detaillierte bibliografische Daten sind im Internet über http://dnb.d-nb.de abrufbar.

Danksagung

Eine persönliche Anmerkung grundsätzlicher Art:

Konstruktive Kritik ist nicht nur sinnvoll und notwendig, sondern ausdrücklich gewünscht, um die Qualität eines Buches optimieren zu können.

Das, was sich jedoch zunehmend auch im Rahmen sog. „Rezensionen" im Internet beobachten lässt, hat oftmals mit konstruktiver Kritik leider nichts mehr zu tun. Vielmehr lässt sich beobachten, dass es offenbar nicht wenige Leute gibt, die weder willens, noch fähig zu dem sind, was den Begriff „konstruktive Kritik" auch verdient.

Verbale Anfeindungen primitivster Art, die zudem zumeist inhaltlich jeder verifizierbaren Grundlage entbehren, überfluten nicht selten den Bereich von sog. „Rezensionen", sodass potenzielle NeuleserInnen oftmals einen falschen Eindruck von einem Buch bekommen können.

Ganz ausdrücklich danke ich solchen LeserInnen, die zu recht in einer konstruktiven Art und Weise auf nachweislich vorhandene Fehler in älteren Versionen dieser Buchreihe aufmerksam gemacht haben. In einigen Fällen war es auch so, dass sich zunächst als „Fehler" geglaubt erkannte Defizite bei genauerem Hinsehen als eigene Fehler bzw. Missverständnis herausgestellt haben. Bedauerlicherweise werden solche Klarstellungen, die im Interesse der Autorinnen und Autoren aus Gründen der Fairness zu erwarten wären, auf der übermächtigen Plattform xyz systematisch unterdrückt.

Vorwort

Liebe Kinder,

herzlich willkommen hier im Lernland für schlaue Kinder.

Schön, dass du dieses Buch in deinen Händen hältst.

Damit hast du eine kluge Entscheidung getroffen.

Dieses Trainingsbuch kann und wird dir dabei helfen viele Fähigkeiten zu trainieren, die du auch in der Schule immer wieder benötigst.

Hier in diesem IQ-Trainingsbuch findest du viele Übungen zu folgenden Themen:

- *Logik*
- *Sprache*
- *Rechnen*
- *Gedächtnistraining*

Vermutlich fragst du dich schon, was wohl diese merkwürdige Abkürzung „IQ" bedeuten mag...?!

Hinter dieser Abkürzung verbirgt sich der Begriff „Intelligenzquotient".

Wenn du nun denkst, dass du genauso schlau bist wie zuvor, dann hast du recht. Warum?

Nun, unter dem Begriff „Intelligenz" kannst du dir vielleicht etwas Konkretes vorstellen. In der Alltagssprache benutzen Menschen dann oftmals solche Formulierungen wie z. B.:

Dieses Kind ist sehr schlau.
Dieses Kind ist sehr klug.
Dieses Kind ist sehr clever.

Bestimmt kennst du noch weitere Formulierungen, die alle miteinander zum Ausdruck bringen möchten, dass du über Fähigkeiten verfügst, die es dir ermöglichen, schwierige Situationen bzw. schwierige Aufgaben ohne fremde Hilfe selbstständig korrekt lösen zu können.

Den Begriff „Quotient" kennst du vermutlich schon aus dem Mathematik-Unterricht in der Schule?

Zur Erinnerung: Damit ist das Ergebnis einer Divisionsaufgabe gemeint, wie z. B.: 3600 : 60 = 60.

Der Begriff „Intelligenzquotient" (kurz: IQ) stellt – einfach gesagt – einen Zusammenhang her zwischen dem Lebensalter eines Menschen, und dessen Fähigkeit, Aufgaben selbstständig korrekt lösen zu können.

Was ist damit gemeint?

Hier ein konkretes Beispiel, das dir das Verständnis erleichtern wird:

Angenommen, ein acht Jahre altes Kind löst eine schwierige Aufgabe, die zumeist erst von einem zehnjährigen Kind korrekt gelöst werden kann, dann bedeutet das, dass das acht Jahre alte Kind diesbezüglich eine überdurchschnittliche Intelligenz besitzt, da es schon eine Aufgabe hat lösen können, die eigentlich erst für ältere Kinder (hier: Zehnjährige) entwickelt wurde.

Umgekehrt gilt: Angenommen, ein zehnjähriges Kind wäre nicht dazu in der Lage, eine Aufgabe korrekt zu lösen, die zumeist schon von achtjährigen Kindern richtig gelöst werden könnte, dann bedeutete das, dass dieses zehnjährige Kind über eine unterdurchschnittliche Intelligenz verfügt.

Ganz wichtig ist jedoch zu wissen, dass kein einziger Intelligenztest etwas über deinen Wert als Mensch aussagt.

Du bist – so oder so – ein wertvolles Kind, das über vielfältigste Fähigkeiten verfügt, die sich mit keinem Intelligenztest sinnvoll messen lassen.

Jedes Kind und auch jeder Erwachsene ist von Natur aus unterschiedlich.

Niemand, auch du, wurde vor der Geburt gefragt, ob sie oder er beispielsweise besonders gut rechnen kann, oder ob du vielleicht besondere Sprachfähigkeiten besitzt, oder ob ein Mensch künstlerisch begabt sein möchte?

Deshalb ist es sehr wichtig, dass du dich zwar darüber freuen darfst, wenn du beispielsweise besonders gut rechnen kannst, oder dass du vielleicht über gute Sprachfähigkeiten verfügst. Jedoch solltest du nicht den Fehler begehen, dich deshalb als besser oder wertvoller zu fühlen, als ein anderes Kind, das vielleicht in bestimmten Teilbereichen weniger gute Leistungen zeigt.

Klüger und besser ist es, wenn du daran denkst, dass eine gute Intelligenz vorwiegend nicht dein eigener Verdienst ist, sondern vielmehr ein Geschenk, das dir die Natur mit auf deinen Weg gegeben hat.

Von daher solltest du dankbar dafür sein, dass du von anderen Menschen als klug oder clever eingeschätzt wirst.

In diesem IQ-Trainingsbuch geht es also <u>nicht</u> darum einen Wettbewerb zwischen dir und anderen Kindern zu starten, mit dem Ziel, dass sich intelligentere Kinder womöglich anderen Kinder gegenüber überheblich verhalten, weil sie vielleicht bessere Testergebnisse erzielt haben.

Vielmehr wird dir dieses IQ-Trainingsbuch die Chance geben, viele Aufgaben frei und ungezwungen trainieren zu können, die dir auch in der Schule im weiteren Verlauf sehr nützlich werden könnten.

Bitte vergiss nicht:

Du lernst weder für deine Eltern, noch für deine LehrerIn oder für andere Menschen.

Du lernst einzig und allein für dich!

Du musst niemandem beweisen, dass du womöglich in bestimmten Schulfächern besser bist, als andere Kinder.

Wichtig ist vor allem, dass du mit Freude lernst.
Wichtig ist, dass du vor allem deswegen lernst, weil dich viele Themen wirklich interessieren.

Unsere gesamte Welt könnte sehr viel freundlicher und friedlicher sein, wenn die Menschen begreifen würden, dass es für uns alle sehr viel besser ist, wenn jeder Mensch genau die positiven Fähigkeiten zur Entfaltung bringen könnte, die ihm die Natur geschenkt hat.

Vielleicht bist du auch traurig darüber, dass schon in der Schule Kinder dazu angeleitet werden, Leistungsvergleiche zwischen sich und anderen Kindern anzustellen, mit dem Ergebnis, dass dann vor allem genau solche Kinder traurig sind, denen die Natur eben leider keine hohe Intelligenz geschenkt hat.

Als kluges Kind, das du vermutlich bist, wirst du verstehen, dass ein wirklich kluges Kind sich zwar über eigene, gute Leistungen freuen wird, es sich jedoch nicht über womöglich schwächere Leistungen anderer Kinder lustig machen wird. Das ist nicht nur unfair, sondern vor allem auch sehr dumm!

Also: Sei ein kluges Kind, und nutze dieses IQ-Trainingsbuch in dem Sinne, dass du deine eigenen Fähigkeiten verbessern möchtest, um somit auch in der Schule gute Chancen zu haben. Hüte dich bitte davor, andere Kinder zu beleidigen oder zu hänseln, falls diese teils schlechtere Testergebnisse erzielen, sondern freue dich vielmehr über deine eigenen, guten Ergebnisse, und nutze deine Intelligenz auch dazu, anderen Kindern zu helfen, denen die Natur leider eine etwas schwächere Intelligenz geschenkt hat.

Wie kannst du nun mit diesem IQ-Trainingsbuch sinnvoll arbeiten?

Zunächst einmal ist es wichtig, dass du diesen IQ-Test nur in einem ausgeruhten und entspannten Zustand durchführst. Falls du z. B. Stress in der Schule hast, Ärger mit deinen Eltern oder MitschülerInnen, falls du dich nicht gut fühlst usw., solltest du bitte auf jeden Fall eher einen Zeitraum wählen, der für dich besser geeignet erscheint.

Während du den IQ-Test durchführst, musst du bitte unbedingt darauf achten, dass du durch nichts und niemand gestört wirst. So wäre es beispielsweise sehr schlecht, wenn Geschwister oder Freunde dich während des Tests in deiner Konzentration störten. Ebenso solltest du bitte unbedingt darauf verzichten Musik zu hören oder Fernsehen zu schauen. Auch dein Smartphone solltest du während der Testzeit unbedingt komplett entfernen. Jede unnötige Störung schwächt deine Konzentration. Und genau dies ist bei der Durchführung dieses IQ-Tests sehr wichtig und unverzichtbar!

Je nach deiner persönlichen Arbeitsgeschwindigkeit wirst du für die vollständige Durchführung dieses IQ-Tests etwa vier bis fünf Stunden benötigen. Selbstverständlich darfst du dieses Trainingsbuch auch in kleineren Zeiteinheiten bearbeiten. Achte aber bitte darauf, dass keiner der Zeitabschnitte weniger als eine Stunde beträgt.

Falls du bei der einen oder anderen Aufgabe merkst, dass du absolut nicht weiterkommst, dann bearbeite einfach die jeweils nächste Aufgabe, damit du keine unnötige Zeit verlierst.

Sehr hilfreich wird es sein, wenn du deine Eltern darum bittest, dich bei der Durchführung dieses IQ-Trainingsbuchs zu unterstützen, indem deine Eltern darauf achten, dass die vorgegebenen Bearbeitungszeiten konsequent eingehalten werden. Ganz besonders wichtig ist, dass dir deine Eltern ansonsten keine Hilfen (z. B. Tipps zur Lösung) geben, denn das verfälscht natürlich das Testergebnis!

Welche Arbeitsmaterialien brauchst du zur Durchführung dieses IQ-Tests?

Außer einem Stift (Kugelschreiber, Füller oder Bleistift) darfst du ausschließlich deinen eigenen Kopf benutzen. In seltenen Fällen ist es bei einigen Aufgaben gestattet, dass du auch einen Schreibblock verwendest. Sollte das der Fall sein, wird in der betreffenden Testaufgabe ausdrücklich noch darauf hingewiesen.

Alle sonstigen Hilfsmittel, wie beispielsweise: Taschenrechner, Bücher, Schreibpapier, unterstützende Eltern oder ältere Geschwister usw. sind ausdrücklich verboten!

So, und nun kann's richtig losgehen...

Ich wünsche dir ganz viel Freude bei deiner Arbeit mit diesem IQ-Trainingsbuch sowie ein gutes und erfreuliches Testergebnis!

Und nochmals:

Bitte vergiss nicht: Wie immer auch dein Testergebnis ausfallen wird...

Du bist ein wertvolles und liebenswertes Kind.

Falls dein Testergebnis erfreulich ausfällt, darfst du dich voller Dankbarkeit darüber freuen.

Falls dein Testergebnis womöglich weniger gut ausfallen sollte, bedeutet das nicht, dass du kein wertvolles Kind bist, sondern lediglich, dass du deine Fähigkeiten in dem einen oder anderen Bereich in Zukunft noch deutlich verbessern kannst. Du schaffst das!

Wichtige Hinweise für deine Eltern

Liebe Eltern,

schön, dass Ihr Kind dieses IQ-Trainingsbuch bearbeiten möchte.

Das ist eine gute und lobenswerte Entscheidung!

Bitte bedenken Sie jedoch, dass es <u>nicht</u> Sinn und Zweck dieses IQ-Trainingsbuchs ist, Kinder dazu aufzufordern, sich in einen wechselseitigen Konkurrenzkampf um das womöglich beste Testergebnis zu begeben.

Das wäre kontraproduktiv, und ist hier ganz ausdrücklich <u>nicht</u> gewollt!

Vielmehr möchte dieses IQ-Trainingsbuch Ihrem Kind die Chance geben, vielfältige und typische Testaufgaben zu bearbeiten, wie sie im Rahmen diverser IQ-Tests in unterschiedlichen Situationen zum Einsatz kommen.

Primär geht es hier weniger darum möglichst viele Punkte zu sammeln, sondern vielmehr darum, auf eine ungezwungene und entspannte Art und Weise möglichst viele Testaufgaben bearbeiten zu können, um somit frühzeitig ein sicheres Gespür für zu erwartende Anforderungen entwickeln zu können.

Insofern sollten Sie bzw. Ihr Kind die ermittelten Testwerte allenfalls als eine grobe Orientierungshilfe verstehen; nicht jedoch als ein „in Stein gemeißeltes Ergebnis". Bitte bedenken Sie, dass es sich hierbei lediglich um eine Momentaufnahme handelt, die aus verständlichen Gründen von diversen Faktoren beeinflusst wird, auf die weder Sie, noch Ihr Kind einen signifikanten Einfluss haben.

Es liegt in der Natur der Sache, dass in dem hier primär als Zielgruppe avisierten Altersintervall von ca. 8 – 12 Jahren teils erhebliche

Unterschiede in den jeweils erreichten Entwicklungsstufen bestehen.

So werden beispielsweise die durchschnittlich zu erwartenden IQ-Werte zwischen achtjährigen und zwölfjährigen Kindern erheblich deutlicher voneinander abweichen, als dies in einem höheren Lebensalter bei Erwachsenen der Fall sein wird.

Von daher wird es so sein, dass manche der hier zu bearbeitenden Testaufgaben vor allem für jüngere Kinder relativ schwieriger zu lösen sein werden, da u. a. auch rein wissensmäßige Aspekte (z. B. Kenntnisse der Namen von bekannten Personen der Zeitgeschichte, geographische Kenntnisse usw.) mit in manche Aufgaben einfließen.

Dies sollten Sie bzw. Ihr Kind jedoch <u>nicht</u> als Benachteiligung wahrnehmen, <u>sondern</u> vielmehr als eine Chance – sozusagen „nebenbei" auch noch den eigenen Wissenspool ein wenig mit neuem Wissen auffüllen zu können.

Falls also Ihr Kind bei der einen oder anderen Aufgabe aus verständlichen Gründen sichtlich überfordert sein sollte, leiten Sie es bitte dazu an, in solchen Fällen einfach zur jeweils nächsten Aufgabe überzugehen.

Fundamental entscheidend wird sein, dass Ihr Kind dieses IQ-Trainingsbuch nicht als eine „zusätzliche Belastung" erlebt, sondern vielmehr als eine Möglichkeit, frei und ohne Druck vielfältigste Aufgaben trainieren zu können.

In diesem Sinne wünsche ich Ihrem Kind ein gutes Gelingen sowie viel Freude und spannende Stunden bei der Beschäftigung mit diesem IQ-Trainingsbuch.

Der Autor:

Aribert Böhme, Freiberufler seit 1988, bietet Dienstleistungen in folgenden Bereichen:

- Psychologische Beratung (Lernpsychologie, Familienpsychologie, Lebensberatung)
- Lerncoaching (Fernlehrgänge z. B.: SGD, ILS in den Fachbereichen Psychologische Beratung, Psychotherapie für Heilpraktiker usw.)
- Implementierung von Texten für Sachbücher in den Bereichen: Lernpsychologie, Psychologie, Pädagogik, EDV, Gesellschaft, Lebensweisheiten
- Coaching für Seniorinnen & Senioren (z. B. Gedächtnistraining)

Im Rahmen seiner freiberuflichen Dozententätigkeit hat der Autor bis dato (2019) ca. 9000 TeilnehmerInnen im Fachbereich EDV bei diversen, namhaften Instituten unterrichtet.

In seiner Funktion als Psychologischer Berater (SGD-Dipl.) bietet der Autor regelmäßig Klientensitzungen vor Ort für hilfesuchende Menschen in den Bereichen: Lebensberatung, Konfliktberatung, Familienpsychologie, Schulpsychologie sowie Lernpsychologie, an.

Bis dato (2019) hat der Autor 24 Titel im thematischen Umfeld von EDV, Lernpsychologie, Pädagogik, Gesellschaftskritik, Lebensweisheiten sowie drei Romane unter Pseudonym publiziert (inkl. einiger Auslandslizenzen für Frankreich, Polen und Russland). Zudem erfolgten Veröffentlichungen in namhaften Tageszeitungen (FAZ, Süddeutsche Zeitung, Rheinische Post usw.).

Seminare und Vorträge zu den Themen Motivationscoaching, Lernpsychologie, Lerntechniken, bietet der Autor sowohl als Firmenschulungen, wie auch als Privatseminare vor Ort an. Anfragen bitte grundsätzlich per E-Mail an:

Psychologische_Beratung_Boehme@gmx.de

Im Rahmen der Implementierung des vom Autor entwickelten NEURONET 2.0 im Umfeld der Neuroinformatik, mit dessen Hilfe Prognosen für Sportwetten erstellt werden können, erfolgte in den Jahren 2001 und 2002 eine ehrenvolle Aufnahme in die Who-is-Who-Lexika, Deutschland & Europa.

Düsseldorf, im Frühjahr 2019

Hauptgruppen für die IQ-Testaufgaben

A)   Sprachliche Intelligenz: Welches Wort passt nicht?

B)   Sprachliche Intelligenz: Gleiche Wortbedeutung?

C)   Sprachliche Intelligenz: Buchstabensalat

D)   Sprachliche Intelligenz: Buchstabengruppen

E)   Sprachliche Intelligenz: Buchstabenreihen

F)   Logisches Denken: Analogien

G)   Logisches Denken: Schlussfolgerungen

H)   Logisches Denken: Zahlenreihen ergänzen

I)   Logisches Denken: Zahlmatrizen

J)   Logisches Denken: Wochentage

K)   Logisches Denken: Unmögliches erkennen

L)   Logisches Denken: Meinung oder Tatsache?

M)   Mathematische Fähigkeiten: Kopfrechnen

N)   Mathematische Fähigkeiten: Rechenzeichen einsetzen

O)   Beobachtungsgabe: Welches Zeichen ist anders in einer Reihe?

P)   Merkfähigkeit: Wörter einprägen

Q)   Merkfähigkeit: Begriffe merken

R)   Merkfähigkeit: Adressen merken

S)   Merkfähigkeit: Texte einprägen, anschließend Fragen beantworten

T)   Interpretation von Statistiken

U)   Oberbegriffe finden

V)   Passende Begriffe finden

W)   Schnell Wörter finden

X)   Sinnlose Silben

Y)   Merkfähigkeit

Z)   Sudoku

A) Sprachliche Intelligenz: Welches Wort passt nicht?

In dieser Rubrik geht es darum herauszufinden, welches der jeweils vier Wörter inhaltlich nicht zu jeweils drei anderen Wörtern passt?

Beispiel: Bäcker – Metzger – Lehrer – Koch

Hier passt der Begriff „Lehrer" nicht. Begründung: Alle anderen genannten Berufe haben etwas mit dem Thema „Nahrung" zu tun. Die Berufsbezeichnung „Lehrer" ist hier der einzige Beruf, der nichts direkt mit dem Thema „Nahrung" zu tun hat.

1. Springen – Hüpfen – Schwimmen - Laufen
2. Düsseldorf – Köln – Rom - Stuttgart
3. Mathematik – Sackhüpfen – Deutsch - Englisch
4. Gitarre – Geige – Harfe - Klarinette
5. Auge – Ohr – Darm - Nase
6. Pippi Langstrumpf – Pumuckel – Biene Maja - Winnetou
7. Biene – Fuchs – Wespe - Hummel
8. hüpfen – reden – sprechen - sagen

Bearbeitungszeit: 2 Minuten

B) Sprachliche Intelligenz: Gleiche Wortbedeutung?

In dieser Rubrik geht es darum herauszufinden, welches der jeweils vier angebotenen Wörter inhaltlich dem jeweils vorgegebenen Begriff am ehesten entspricht?

Beispiel: Angenommen, das vorgegebene Wort lautet „aufmerksam".

Zur Auswahl stehen folgende Begriffe:
großzügig – achtsam – konzentriert – beliebt

Lösung: Der Begriff „achtsam" stimmt am ehesten mit dem Begriff „aufmerksam" überein.

Begründung: Die drei anderen Wörter beschreiben zwar ebenfalls positiv besetzte Begriffe, jedoch ist die bedeutungsmäßige Übereinstimmung am intensivsten mit dem Begriff „achtsam".

9. gigantisch: massiv – hoch – groß - langgestreckt
10. unfreundlich: verängstigt – missmutig – lahm - unschuldig
11. schnell: rasant – beschleunigt – bewegt - ansteigend
12. abwarten: ausharren – verlängern – vergrößern - ausruhen
13. scheitern: aufgeben – fehlschlagen – verkleinern - abbauen
14. drücken: zerquetschen – ablehnen – liebkosen - aufwerten
15. verschmutzt: zerstoßen – dreckig – kümmerlich - undurchsichtig
16. verlogen: unredlich – gemein – verschwiegen - gehemmt

Bearbeitungszeit: 3 Minuten

C) Sprachliche Intelligenz: Buchstabensalat

In dieser Rubrik geht es darum herauszufinden, wie aus einem vorgegebenen „Buchstabensalat" wieder das ursprüngliche Wort gebildet werden kann?

Beispiel: R D A F H R A

Lösung: Hier lautet das gesuchte Wort „FAHRRAD".

17. A S R W S E
18. R H L E R E
19. E C L H S U
20. S U P A E
21. D E I E K R
22. F L A T E
23. T P R S O
24. K T N S U
25. N L E N R E
26. S G Z U E I N

Bearbeitungszeit: 20 Minuten

D)   Sprachliche Intelligenz: Buchstabengruppen

In dieser Rubrik geht es darum herauszufinden, welche Buchstabengruppe nicht nach der gleichen Regel gestaltet ist, wie alle anderen?

Beispiel: Angenommen, es seien folgende Buchstabengruppen vorgegeben:

a)   ABCDE
b)   BCDEF
c)   CDEFG
d)   ZYXWV

Lösung: Hier wäre die richtige Antwort, Gruppe (d) – ZYXWV – passt nicht zu den anderen Buchstabengruppen. Begründung: Hier erfolgt die Sortierung der Buchstaben in alphabetisch absteigender Reihenfolge, wogegen alle anderen Buchstabengruppen alphabetisch aufsteigend sortiert vorliegen.

Bearbeitungszeit: 8 Minuten

Hinweis: Für diese Aufgabe darfst du ausnahmsweise auch einen Schreibblock verwenden, damit du dir als Bearbeitungshilfe das Alphabet aufschreiben kannst.

27.   ADGJM
       CFILO
       EHKNR
       GJMPS

28.   ABCYZ
       BCDXY
       CDEWX
       EGHUV

29. BGKMU
DFJNY
HKPRU
LQTVW

30. ADFJL
BEHKM
CGIKL
NQRSU

E) Sprachliche Intelligenz: Buchstabenreihen

In dieser Rubrik gilt es herauszufinden, nach welchem Prinzip die jeweiligen Buchstabenreihen konstruiert sind, um dann entscheiden zu können, wie die jeweilige Buchstabenreihe logisch fortgesetzt werden müsste?

Beispiel: Angenommen, es sei folgende Buchstabenreihenfolge gegeben: a – e – i – m – q - ?

Lösung: Hier lautet die korrekte Fortsetzung: „u".

Begründung: Zwischen allen Buchstaben in der vorgegebenen Reihenfolge fehlen jeweils – alphabetisch aufsteigend – die drei folgenden Buchstaben. Von daher muss nach dem letzten hier vorgegebenen Buchstaben „q" geprüft werden, welche die drei dann folgenden Buchstaben in alphabetisch aufsteigender Folge wären, die es zu überspringen gilt. Hier wären das demnach die Buchstaben r – s – t, so dass die Folge mit dem Buchstaben „u" anstelle des Fragezeichens fortgesetzt werden müsste.

Hinweis: Für diese Aufgabe darfst du ausnahmsweise auch einen Schreibblock verwenden, damit du dir als Bearbeitungshilfe das Alphabet aufschreiben kannst.

Bearbeitungszeit: 15 Minuten

31. e – j – o - t - ?
32. a – b – d - h - ?
33. b – c – e - g - ?
34. b – f – j - p - ?
35. c – f – h - k - ?

F)   Logisches Denken: Analogien

In dieser Rubrik geht es darum herauszufinden, welche Analogien (wechselseitigen Verhältnisse) zwischen vorgegebenen Begriffspaaren existieren?

Beispiel: laut : leise   Lärm : ?
                Bewegungslosigkeit – Stille – Geräusch – Flüstern

Lösung: Hier wäre es das Lösungswort „Stille", da es in einem analogen Verhältnis zum Begriff „Lärm" steht, wie der Begriff „leise" zum Begriff „laut".

Bearbeitungszeit: 2 Minuten

36. Mittwoch : Wochentag   August : ?
    Tageszeit – Monat – Jahreszeit - Zeiteinheit
37. Helene Fischer : Musikerin   Hänsel und Gretel : ?
    Sportler – Märchengestalten – Vornamen - Filmstars
38. Autor : Roman   Journalist : ?
    Zeitungsartikel – Schriftsteller – Sachbuchautor - Filmemacher
39. Blinddarm-OP : Chirurg   Klassenarbeit : ?
    Schulhof – Aula – Lehrer – Lehrerkonferenz
40. Lesen : Augen   Hören : ?
    Ohren – Ton – Musik – Sinnesorgan
41. Berlin : Großstadt   Hilden : ?
    Ort – NRW – Bundesland – Kleinstadt
42. Physik : Naturwissenschaft   Französisch : ?
    Lehrerin – Schülerin – Kartenspiel – Sprache
43. Schach – Turm   Skat : ?
    Kartenspiel – Herzdame – Freizeitspaß – Skatblatt

G) Logisches Denken: Schlussfolgerungen

In dieser Rubrik geht es darum logisch korrekte Schlussfolgerungen aus einer vorgegebenen Anzahl von Teilaussagen ziehen zu können.

Beispiel: Wenn A kleiner ist als B, und C kleiner ist als B, C jedoch größer ist als A, wer ist dann am größten?

Lösung: Hier wäre B die korrekt Antwort.

Bearbeitungszeit: 14 Minuten

44. Wo sind die Äpfel am billigsten?
Im Laden A sind die Äpfel teurer als in B. In Laden D sind sie teurer als in C, aber billiger als in B.

45. Welcher Roman hat die meisten Seiten?
Im Roman A gibt es mehr Seiten als in C. Der Roman D hat weniger Seiten als der Roman B. Der Roman B hat mehr als Seiten als der Roman A.

46. Wer ist am freundlichsten?
Julia ist genauso freundlich wie Iris. Simone ist weniger freundlich als Julia. Barbara ist freundlicher als Julia.

47. Wer wiegt am meisten?
Hermann ist schwerer als Robert aber leichter als Max. Rüdiger ist leichter als Hermann, aber schwerer als Robert.

48. Wer hat den höchsten IQ?
Angela hat einen höheren IQ als Edwin, aber einen niedrigeren IQ als Franz. Der IQ von Franz ist höher als der IQ von Sandra. Angela hätte den höchsten IQ, gäbe es Franz nicht.

49. Wie alt ist Hermine?
Iris ist 11 Jahre älter als Tom. Tom ist 14 Jahre älter als Sebastian, der 34 Jahre alt ist. Hermine ist zwei Jahre jünger als Tom.

50. Wie viele Töchter gibt es?
In einer Familie hat jede Tochter dieselbe Anzahl von Brüdern wie Schwestern, und jeder Bruder hat doppelt so viele Schwestern wie Brüder.

H) Logisches Denken: Zahlenreihen ergänzen

In dieser Rubrik geht es darum, dass du die in den Zahlenreihen versteckten Muster entdeckst, nach denen die jeweils nächste Zahl eindeutig gebildet wird.

Beispiel: 2 – 4 – 6 – 8 – 10 – 12 - ?

Deine Aufgabe besteht nun darin herauszufinden, welche Zahl anstelle des Fragezeichens eingesetzt werden muss, damit das in dieser Zahlenreihe enthaltene Berechnungsmuster logisch konsequent fortgesetzt wird.

Lösung: Hier lautet das Berechnungsmuster: + 2
                      Demnach lautet die gesuchte Zahl hier: 14

51.   1 – 4 – 7 – 10 – 13 - ?
52.   1 – 8 – 6 – 13 – 11 - ?
53.   2 – 6 – 18 – 54 – 162 - ?
54.   2048 – 1024 – 512 – 256 – 128 - ?
55.   1 – 3 – 2 – 6 – 5 – 15 - ?
56.   1 – 2 – 5 – 3 – 6 – 9 - ?
57.   1 – 4 – 9 – 16 – 25 – 36 - ?
58.   9 – 99 – 999 – 9999 – 99999 - ?

Bearbeitungszeit: 16 Minuten

I) Logisches Denken: Zahlmatrizen

In dieser Rubrik gilt es herauszufinden, welches mathematische Prinzip einer vorgegebenen Matrix (tabellenartige Struktur) zugrunde liegt, so dass das jeweils fehlende Zahlenfeld logisch konsistent ergänzt werden kann.

Beispiel: Angenommen, es sei folgende Zahlenmatrix gegeben:

1	2	3
	5	6
7	8	9

Lösung: In das freie Zahlenfeld müsste hier die Lösungszahl 4 eingetragen werden, damit die zugrundeliegende Logik sowohl horizontal, als auch vertikal in sich schlüssig erhalten bleibt.

Bearbeitungszeit: 5 Minuten

59.

1	2	4
8	16	?
64	128	256

60.

30	?	20
60	100	40
80	150	70

61.

2	3	5
7	11	?
17	19	23

62.

6	15	35
77	143	?
323	437	667

63.

5	8	40
9	6	?
8	7	56

J)   Logisches Denken: Wochentage

In dieser Rubrik geht es darum herauszufinden, welche Wochentage sich aus einer gegebenen Zeitbeschreibung logisch ableiten lassen?

Beispiel: Angenommen, die Aussage lautet:
                 Wenn heute Mittwoch ist, welcher Tag ist dann zwei
                 Tage nach Übermorgen?

Lösung: Hier lautet die korrekte Antwort: Sonntag.
                 Begründung: Wenn heute Mittwoch ist, dann wäre
                 übermorgen demnach Freitag. Zwei Tage nach Freitag ist
                 dann also Sonntag.

Bearbeitungszeit: 6 Minuten

64.   Vor drei Tagen war Donnerstag. Welcher Tag ist dann übermorgen?

65.   In zwei Tagen wird Samstag sein. Welcher Tag ist dann drei
       Tag nach vorgestern?

66.   Vor vier Tagen war zwei Tage nach Dienstag. Welcher Tag ist
       dann morgen?

67.   Wenn vier Tage nach vorgestern Freitag war, welcher
       Tag ist dann zwei Tage nach übermorgen?

68.   Welcher Wochentag wird vier Tage nach übermorgen sein,
       wenn gestern Samstag war?

K) Logisches Denken: Unmögliches erkennen

In dieser Rubrik geht es darum Unmögliches zu erkennen.

Beispiel: Welche der folgenden Behauptungen ist richtig?

Es ist unmöglich, dass...

a)   ... ein Mensch 110 Jahre alt wird.
b)   ... ein Mensch ohne Sauerstoff länger als fünf Stunden überlebt.
c)   ... ein Mensch ohne Nahrung länger als sieben Tage überlebt.
d)   ... ein Mensch nur vier Finger an seiner linken Hand hat.
e)   ... ein Mensch ohne Blinddarm überlebt.

Lösung: Hier wäre die korrekte Antwort unter dem Buchstaben b
zu finden. Begründung: Ja, es stimmt, dass ein Mensch ohne
Sauerstoff nicht länger als fünf Stunden überleben kann.

Bearbeitungszeit: 4 Minuten

69.   Es ist unmöglich, dass ein 14-jähriges Mädchen...

a)   ... schneller schwimmt als ein 18-jähriger Junge.
b)   ... größer ist als ein 30-jähriger Mann.
c)   ... schneller laufen kann als ein 80-jähriger ehemaliger Athlet.
d)   ... Bürgermeisterin einer deutschen Großstadt sein kann.
e)   ... größer ist als eine 21-jährige Frau.

70. Es ist unmöglich, dass ein Buch...

a) ... mehr als 1000 Gramm wiegt.
b) ... mehr als 200 € kostet.
c) ... keine Fotos enthält.
d) ... aus Luft besteht.
e) ... weniger als 1 € kostet.

71. Es ist unmöglich, dass die kleinste zweistellige Zahl...

a) ... mit 99 multipliziert werden kann.
b) ... ohne Rest durch drei dividiert werden kann.
c) ... verdoppelt wird.
d) ... um den Wert 999 erhöht wird.
e) ... 77 mal verdoppelt wird.

72. Es ist unmöglich, dass ein Hausschwein...

a) ... Apfelsaft trinkt.
b) ... Himbeereis futtert.
c) ... ein Flugzeug bauen kann.
d) ... sich am Strand im Sand wälzt.
e) ... laut furzt.

73. Es ist unmöglich, dass...

a) ... es stärkere Mädchen gibt als Jungen.
b) ... dass es Sonnen mit der mehr als zehnfachen Größe unserer Sonne gibt.
c) ... es Lehrerinnen gibt, die drei Fremdsprachen sprechen
d) ... eine Galaxie mehr als eine Milliarde Kilometer von der Milchstraße (unsere Galaxie) entfernt sein kann.
e) ... ein Mensch ohne Hilfsmittel auf der Venus mehr als eine Stunde überleben könnte.

L) Logisches Denken: Meinung oder Tatsache?

In dieser Rubrik gilt es herauszufinden, ob es sich bei einer Aussage um eine Meinung oder um eine Tatsache handelt?

Beispiel: Angenommen, es seien folgende Aussagen gegeben:

a)   Blau ist eine sehr schöne Farbe.
b)   Ein Tag auf der Erde setzt sich aus 24 Stunden zusammen.

Lösung: a)   Meinung – nicht objektiv begründbar
               b)   Tatsache – objektiv belegbar gemäß Vereinbarung

Bearbeitungszeit: 2 Minuten

74.   Der Jupiter ist größer als der Saturn.
75.   Pippi Langstrumpf ist der Name einer Kinderbuchfigur.
76.   Limonade schmeckt köstlich.
77.   Männer sind mehrheitlich größer als Frauen.
78.   Deutschland hat etwa 82 Millionen EinwohnerInnen.
79.   Schokolade schmeckt besser als Gummibärchen.
80.   Düsseldorf ist die schönste Stadt am Rhein.
81.   Mädchen sprechen mehrheitlich mehr Wörter pro Tag als Jungen.
82.   Mädchen erzielen meistens bessere Schulnoten als Jungen.
83.   Schachspielen gegen einen Menschen ist schöner als Schachspielen gegen einen Schachcomputer.

M)   Mathematische Fähigkeiten: Kopfrechnen

In dieser Rubrik werden deine Fähigkeiten im Kopfrechnen getestet. Zur Bearbeitung dieser Aufgaben sind keinerlei zusätzliche Hilfsmittel (Papier, Bleistift, Taschenrechner usw.) erlaubt. Einzig deinen Kopf darfst du zur Lösung der folgenden Aufgaben verwenden.

Bearbeitungszeit: 12 Minuten

84. $12 + 17 + 21 = ?$
85. $114 - 25 + 12 = ?$
86. $52 * 3 * 4 = ?$
87. $2048 / 256 = ?$
88. $(15 * 8 + 4) - 7 = ?$
89. $(332 + 26 * 3) * 5 = ?$
90. $1234 - 640 + 22 = ?$
91. $(28 + 19 * 3) - (24 / 6) = ?$
92. $9 + 99 + 999 + 9999 = ?$
93. $557 - (19 * 19) - 196 = ?$

N) Mathematische Fähigkeiten: Rechenzeichen einsetzen

In dieser Rubrik geht es darum herauszufinden, welche Rechenzeichen (+ - * /) jeweils anstelle der Fragezeichen (?) in eine Aufgabe eingesetzt werden müssen, so dass das vorgegebene Ergebnis korrekt ist.

Legende: ?   Ist der Platzhalter für das erste Operationszeichen
            ??   Ist der Platzhalter für das zweite Operationszeichen
            ???   Ist der Platzhalter für das dritte Operationszeichen
            ????   Ist der Platzhalter für das vierte Operationszeichen

Beispiel: 49 ? 35 = 84

Lösung: Hier müsste das Additionszeichen (+) anstelle des Fragezeichens eingesetzt werden, so dass die vorgegebene Lösung stimmt.

Bearbeitungszeit: 15 Minuten

94.   25 ? 3 = 75
95.   114 ? 29 = 85
96.   3 ? 4 ?? 7 = 84
97.   (15 ? 3) ?? 95 = 100
98.   237 ? 206 ?? 441 ??? 84 = 800
99.   (13 ? 6 ?? 22) ??? (50 ???? 2) = 0
100.   9 ? 99 ?? 999 ??? 9999 ???? 106 = 11000
101.   (4096 ? 2) ?? (1 ??? 1 ???? 2) = 8192
102.   (7777 ? 6666 ?? 5555 ??? 3334) ???? 2 = 5000

O) **Beobachtungsgabe: Welches Zeichen ist anders in einer Reihe?**

In dieser Rubrik wird deine Beobachtungsgabe überprüft. Dabei gilt es möglichst schnell zu erkennen, welches Zeichen in einer vorgegebenen Reihe von der Originalreihe abweicht?

Beispiel: Angenommen, folgende Originalreihe sei vorgegeben:

DSFLÖKÖLFKÖLWEIROPIEWPORIPOEIPOKFÖLDKFÖLKDÖLWPUI

Hier nun die zu überprüfende Reihe:

DSFLÖKÖLFKÖLWEIROPIEWPORIPOEIPOKFÖLDKEÖLKDÖLWPUI

Lösung: Hier wurde der Buchstabe „F" durch ein „E" ausgetauscht.

DSFLÖKÖLFKÖLWEIROPIEWPORIPOEIPOKFÖLDK**E**ÖLKDÖLWPUI

Bearbeitungszeit: 2 Minuten

103. RZGLLLKOTZHBNMNKLÖDFGWERPOIUHHHGJIUUKLMNN
RZGLLLKOTZHBNMNKLÖDFGWERPOIUHHHGIIUUKLMNN

104. YXCBNMEWRUIOASDFÖKÖLSDFÖWLERUJOIASNWERUIO
YXCBNMEWRUIOASDFÖKÖLSDFÖWLEPUJOIASNWERUIO

105. WQEUIOGKFLÖSDKFLÖKDÖLFKÖSRIWEPORIPONFMGDG
WQEUIOGKFLÖSDKFLÖKDÖLFKÖSRIWEPORIPOMFMGDG

106. ASDFJGKLDFKGJLKFJDLGKRIEORIPEWVXCNMVNXCMC
ASDFJGKLDFKGJLKBJDLGKRIEORIPEWVXCNMVNXCMC

107. POIIOWEURIOEUWDSJFKLSDFUERIOEWQETRQTWEZREU
POIIOWEURIOEUWDSJFKLSDFUERIÖEWQETRQTWEZREU

108. MNBXNMCYBMNXCBSAHDJHASKJDHJKASHKJDEUWIEU
MNBXNMCYBMNXCBSAHDJHASLJDHJKASHKJDEUWIEU

109. DASFDGHSFAGDSDHFKJHSDKJFHKJFGURTIERUITUEIRUI
DASFDGHSFAGDSDHFKJHSDKJFHKJFGURTIERUIFUEIRUI

110. ZWEUZRIUERIPORETIPOREITPOEIRTNXCVMNMCVMCWE
ZWEUZRIUERIPORETIPOREITPOEIRTNXCVNNMCVMCWE

111. YDRTHNJKOIUZTREWWPPOIUZZNUHDFTWLPOFKITSUHK
YDRTHNJKOIUZTREWVPPOIUZZNUHDFTWLPOFKITSUHK

P)   Merkfähigkeit: Wörter einprägen

In der folgenden Rubrik geht es darum, dass du dir möglichst schnell viele vorgegebene Begriffe einprägst, zu denen dann anschließend einige Fragen gestellt werden.

Beispiel: Angenommen, es sei folgende Tabelle mit Begriffen
                   vorgegeben:

Zeit zum Einprägen: 1 Minute. Bitte erst nach der Einprägezeit umblättern.

Lebensmittel	Automarke	Unterrichtsfach	Mädchenname
Brot	BMW	Physik	Barbara
Käse	OPEL	Englisch	Iris
Wurst	FORD	Kunst	Heike
Marmelade	MERCEDES	Musik	Sandra

Frage: In welcher Rubrik beginnt ein Begriff mit dem Buchstaben „H"?

Lösung: In der Rubrik „Mädchenname" beginnt der Begriff „Heike" mit dem Buchstaben „H".

112.

Beruf	Fluss	Hauptstadt	Märchen der Gebrüder Grimm
Maurer	Rhein	Berlin	Rotkäppchen
Lehrer	Mosel	Helsinki	Hänsel und Gretel
Jurist	Wupper	Moskau	Rumpelstilzchen
Psychologe	Oder	Athen	Frau Holle

Zeit zum Einprägen: 2 Minuten. Bitte erst nach der Einprägezeit umblättern.

112 a) In welcher Spalte steht eine Hauptstadt, deren zweiter Buchstabe der Vokal „o" ist?

112 b) Wie lautet die Berufsbezeichnung, die aus zehn Buchstaben besteht?

112 c) In welcher Zeile (ohne Überschriftszeile) befindet sich ein Märchen der Gebrüder Grimm, das mit dem Buchstaben „H" beginnt, und wie lautet die genaue Bezeichnung?

112 d) Wie lauten die Namen der drei Flüsse, die mit einem Konsonanten beginnen?

Bearbeitungszeit: 2 Minuten

113.

Farbe	Bundesland	Planet	Automarke	Maßeinheit
grün	Bremen	Uranus	BMW	Meter
rot	Bayern	Venus	OPEL	Kilogramm
gelb	NRW	Erde	FORD	Liter
grau	Sachsen-Anhalt	Mars	FIAT	Hektar
blau	Sachsen	Jupiter	MERCEDES	Km/h
schwarz	Hamburg	Saturn	VW	Kubikmeter
orange	Rheinland-Pfalz	Neptun	TOYOTA	Zentimeter

Einprägezeit: 3 Minuten. Bitte erst umblättern, nachdem die Einprägezeit vorbei ist.

113 a) Wie lautet der Name des Planeten, der (ohne Überschriftszeile) in der sechsten Zeile genannt wird?

113 b) Welche Farbe steht in der fünften Zeile (ohne Überschriftszeile)?

113 c) Welche Maßeinheit wird in der vierten Zeile (ohne Überschriftszeile) der Spalte „Maßeinheit" genannt?

113 d) Wie lauten die Namen der zwei Automarken, die mit dem Buchstaben „F" beginnen?

113 e) Welches Bundesland wird in der vierten Zeile (ohne Überschriftszeile) genannt?

113 f) In welcher Zeile (ohne Überschriftszeile) beginnt genau ein Begriff mit dem Buchstaben „J"?

Bearbeitungszeit: 3 Minuten

114.

Natürliche Zahlen: Das sind alle Zahlen, die größer als 0 sind, und die keine Nachkommastellen haben, wie z. B.: 1 – 2 – 3 – 4 – usw.

Primzahlen: Das sind alle Zahlen, die nur durch sich selbst und durch 1 ohne Rest geteilt werden können: 2 – 3 – 5 – 7 – 11 – 13 – 17 usw.

Quadratzahlen: Das sind alle Zahlen, die mit sich selbst multipliziert werden, wie z. B.: 1 x 1 = **1**; 2 x 2 = **4**; 3 x 3 = **9**; 4 x 4 = **16** usw.

Natürliche Zahlen	Primzahlen	Quadratzahlen
224	41	361
333	61	576
812	37	256
517	59	400
632	31	625
777	67	441
189	53	784
256	71	484
876	43	841
227	47	676

Einprägezeit: 12 Minuten. Bitte erst umblättern, nachdem die Einprägezeit vorbei ist.

114 a) Welche Quadratzahl ist als einzige identisch mit einer der genannten Natürlichen Zahlen?

114 b) Welche der genannten Primzahlen taucht nicht in der Tabelle auf?
31 – 61 – 97

114 c) Wie lauten die beiden „Schnapszahlen" in der Rubrik der Natürlichen Zahlen? (*Schnapszahlen*: Das sind Zahlen, die komplett nur aus gleichen Ziffern bestehen, wie z. B.: 111, 222 usw.)

114 d) Wie lautet die Quadratzahl, die mit der Ziffer 7 beginnt?

114 e) Welche Primzahl steht in der vorletzten Zeile?

114 f) Wie lauten die drei Natürlichen Zahlen, die jeweils mit der Ziffer 2 beginnen?

114 g) Welche Quadratzahl steht in der vierten Zeile (ohne Überschriftszeile)?

114 h) Welche der genannten Primzahlen hat die Quersumme 13?

Bearbeitungszeit: 3 Minuten

Q)   Merkfähigkeit: Begriffe merken

Auch in der folgenden Rubrik geht es darum, dass du dir möglichst viele Begriffe in möglichst kurzer Zeit einprägst. Anschließend werden dann Fragen zu den zuvor eingeprägten Begriffen bzw. zu deren Positionen innerhalb der jeweiligen Tabelle gestellt.

Beispiel:

Pappel	Schumann	Quark	Tanne
Kunst	Chemie	Buche	Informatik
Beethoven	Erdbeeren	Philosophie	Schubert
Spanisch	Erle	Dinkelbrot	Trauerweide
Marmelade	Chopin	Mahler	Gemüse

Einprägezeit: 3 Minuten

Nachdem du dann die obige Tabelle abgedeckt hast, sollten folgende Fragen beantwortet werden:

- In welcher Spalte befindet sich das Schulfach mit dem Anfangsbuchstaben „C"?
- In welchen Spalten befinden sich zwei Namen von berühmten Komponisten, deren Anfangsbuchstaben ein „S" sind?
- Welches Lebensmittel wird in der vierten Spalte genannt?
- In der wievielten Zeile befindet sich das Schulfach mit dem Anfangsbuchstaben „P"?

Lösungen:

- Das Schulfach Chemie befindet sich in der zweiten Spalte.
- Die Komponisten Schumann und Schubert befinden sich in den

Spalten zwei und vier.
- Das Lebensmittel in der vierten Spalte ist Gemüse.
- Das Schulfach mit dem Anfangsbuchstaben „P" (Philosophie) befindet sich in der dritten Zeile.

115.

rosa	Schlüssel	Schweden	Bibliothek	dunkel
Psychologie	Venedig	Weihnachten	Sachbuch	Karfreitag
Handball	Nürnberg	Memory	Reis	Jurist
Augenarzt	Bild	Eierlikör	Foto	Hirnchirurg
Bäcker	Nudeln	Erdnüsse	Pfingsten	Pädagogik
Astronomie	Ostern	Schach	Düsseldorf	Fußball
Silvester	Roman	Philosophie	Paris	Medizin
hell	Computer	Südafrika	Anhänger	gelb

Einprägezeit: 12 Minuten

Bitte erst umblättern, nachdem die Einprägezeit abgelaufen ist.

115 a) In der wievielten Zeile befindet sich der Begriff „Eierlikör"?

115 b) Welches Lebensmittel wird in der vierten Spalte genannt?

115 c) In welcher Zeile wird der Begriff „Pädagogik" genannt?

115 d) Welcher Ort wird in der dritten Zeile der zweiten Spalte genannt?

115 e) Wie heißt das Land in der ersten Zeile?

115 f) Welches Wort in der ersten Spalte beginnt mit „S"?

115 g) Welche Stadt wird in der sechsten Zeile genannt?

115 h) Welches Wort der zweiten Spalte beginnt mit „C"?

115 i) Welche beiden Farben werden in der Tabelle genannt?

115 j) Welches christliche Fest wird in der fünften Zeile genannt?

Bearbeitungszeit: 4 Minuten

R)   Merkfähigkeit: Adressen merken

In dieser Rubrik geht es darum, dass du dir zunächst folgende Adressen (komplett) einprägst. Anschließend werden verschiedene Fragen zu bestimmten Details gestellt, die du dann aus deinem Gedächtnis beantworten sollst.

Bitte beachte, dass du erst auf die nächste Seite umblätterst nachdem die Einprägezeit von insgesamt 15 Minuten vollständig abgelaufen ist.

116.

Iris Krämer, 32 Jahre **Verkäuferin** **Schneidergasse 7** **20800 Hamburg**	**Rudolf Müller, 74 Jahre** **Rentner** **Hollerstraße 5** **80340 München**
Dr. Erich Mantel, 57 Jahre **Orthopäde** **Martensstraße 77** **10540 Berlin**	**Henriette Schuh, 62 Jahre** **Augenoptikerin** **Wallstraße 37** **40230 Düsseldorf**
Sonja Marx, 22 Jahre **Studentin** **Schillerstraße 40** **50280 Köln**	**Wolfgang Schuster, 42 Jahre** **IT-Fachmann** **Krollstraße 21** **60450 Frankfurt**
Emil Gans, 77 Jahre **Privatier** **Bernerstraße 81** **70200 Stuttgart**	**Tülay Önöz, 52 Jahre** **Flugbegleiterin** **Tannenstraße 30** **30560 Hannover**
Bianca Bense, 36 Jahre **Modeschöpferin** **Taunusstraße 45** **51080 Köln**	**Hermann Goll, 56 Jahre** **Malermeister** **Ludwigstraße 78** **10520 Berlin**

116 a) Welche Person wohnt in der Ludwigstraße 78?

116 b) Wie alt ist Dr. Erich Mantel?

116 c) Welchen Beruf hat Bianca Bense?

116 d) In welcher Straße wohnt Henriette Schuh?

116 e) Wer wohnt in 30560 Hannover?

116 f) In welcher Stadt (inkl. PLZ) wohnt der Privatier?

116 g) Welche Person ist 22 Jahre alt?

116 h) Wie lautet der Name der Verkäuferin?

116 i) Wer wohnt in der Krollstraße 21?

116 j) Welchen Beruf hat Hermann Goll?

Bearbeitungszeit: 5 Minuten

S) **Merkfähigkeit: Texte einprägen, anschließend Fragen beantworten**

In der folgenden Rubrik geht es darum, dass du dir zunächst einen vorgegebenen Text innerhalb einer vorgegebenen Zeit (4 Minuten) einprägst. Anschließend blätterst du bitte um zu den Fragen, die du dann detailliert beantworten solltest.

117.

Ausflug der Klasse 4a der Albert-Einstein-Grundschule zum Planetarium

Am Montag, 01. April 2019 fuhr die Klasse 4a der Albert-Einstein-Grundschule aus Düsseldorf zum Planetarium nach Bochum. Die insgesamt 28 Kinder, 15 Mädchen und 13 Jungen hatten sich schon seit langer Zeit auf diesen Tag gefreut. Die Klassenlehrerin, Frau Wissensreich, hatte einen Bus der Firma „Sicher reisen" für 10:30 Uhr bestellt. Der Busfahrer, Herr Schulz, begrüßte die Kinder freundlich in seinem Bus, indem er jedem Kind eine Tafel Kinderschokolade schenkte. Die Fahrt bis zum Planetarium dauerte insgesamt 45 Minuten. An diesem Tag besuchen noch drei weitere Schulklassen aus Ratingen, Essen und Duisburg den Vortrag zum Thema „Unser Planetensystem", so dass insgesamt 118 Kinder im Planetarium Platz nahmen. Der spannende Vortrag dauerte insgesamt 60 Minuten. Die Kinder lernten, dass der größte Planet in unserem Sonnensystem der Jupiter ist. Weiterhin erfuhren sie, dass unsere Erde ca. 149 Millionen Kilometer von unserer Sonne entfernt ist. Die Entfernung von der Erde bis zu unserem Mond beträgt etwa 384.000 Kilometer. Außerdem erfuhren die Kinder, dass sich das Licht mit ca. 300.000 Kilometern pro Sekunde bewegt. Besonders faszinierend fanden die Kinder, dass es in unserer Galaxie, der Milchstraße, mindestens 100 Milliarden Sterne (Sonnen) gibt, von denen viele noch erheblich größer sind als unsere Sonne. Nach einem sehr spannenden Tag kamen die Kinder der Albert-Einstein-Grundschule um 17 Uhr wieder sicher in Düsseldorf an.

117 a) An welchem Datum fand der Schulausflug zum Planetarium statt?
117 b) Wie lautet der Name der Grundschule?
117 c) Wie viele Mädchen sind in der Klasse 4a?
117 d) Wie heißt die Klassenlehrerin?
117 e) Wie lautet der Name der Firma, die den Bus zur Verfügung stellt?
117 f) Wie lautet der Name des Busfahrers?
117 g) Wie lange dauert die Fahrt bis zum Planetarium?
117 h) Aus welchen Orten kommen die anderen drei Klassen?
117 i) Welcher ist der größte Planet in unserem Sonnensystem?
117 j) Wie weit ist unser Mond von der Erde entfernt?
117 k) Wie viele Sterne gibt es in unserer Galaxie (Milchstraße)?
117 l) Um wie viel Uhr kamen die Kinder zurück nach Düsseldorf?

Bearbeitungszeit: 8 Minuten

T) Interpretation von Statistiken

In dieser Rubrik geht es darum zu zeigen, ob bzw. inwieweit du dazu in der Lage bist, Statistiken korrekt zu verstehen, um somit wichtige Informationen daraus ableiten zu können.

118.

	1	2	3	4	5	6
A	34	47	33	62	80	22
B	22	43	98	11	56	34
C	76	64	90	82	54	48
D	55	87	44	39	74	96

a) Welcher Schüler (A, B, C, D) hat durchschnittlich die wenigsten Punkte in den Wettbewerben (1, 2, 3, 4, 5, 6) erzielt?

b) Welche beiden Schüler haben im dritten Wettbewerb die wenigsten Punkte erzielt?

c) Welcher Schüler hat die geringste Streuungsbreite (damit ist die Differenz zwischen dem kleinsten und dem größten Punktwert gemeint) über alle sechs Wettbewerbe?

d) Welcher Wettbewerb hat insgesamt die höchste Punktzahl?

Bearbeitungszeit: 6 Minuten

119.

In der folgenden Tabelle sind die Durchschnittstemperaturen für acht Städte in vier aufeinanderfolgenden Jahren aufgelistet.

	2014	*2015*	*2016*	*2017*
A	9	10	8	11
B	7	7	12	9
C	4	2	6	3
D	12	14	11	14
E	10	9	15	13
F	8	8	6	9
G	15	17	14	15
H	6	6	7	8

a)   In welchem Jahr herrschten insgesamt die niedrigsten Durchschnittstemperaturen?
b)   Welche Stadt war durchschnittlich die wärmste?
c)   Welche beiden Städte hatten im Jahr 2015 die niedrigsten Durchschnittstemperaturen?
d)   Welche Stadt hatte insgesamt die niedrigste Durchschnittstemperatur?

Bearbeitungszeit: 10 Minuten

U) Oberbegriffe finden

In der folgenden Rubrik geht es darum herauszufinden, welche Begriffe in der linken Spalte jeweils passende Oberbegriffe zu den in der rechten Spalte genannten Wörtern sind?

Beispiel:

Wassersport	**Barbara**
Wetterphänomen	**Zugspitze**
Vorname	**Segeln**
Fluss	**Wirbelsturm**
Berg	**Rhein**

Hier wäre die korrekte Zuordnung wie folgt:

Wassersport	===>	Segeln
Wetterphänomen	===>	Wirbelsturm
Vorname	===>	Barbara
Fluss	===>	Rhein
Berg	===>	Zugspitze

120.

Politiker	Saturn
Hauptstadt	Aachener Printen
Fluss	Dinkelbrot
Moderator	Michio Kaku
Kulinarische Spezialität	Helsinki
Alkoholisches Getränk	Zugzwang
Astrophysiker	Günther Jauch
Sängerin	Sahra Wagenknecht
Komponist	Hannover
Stadt in Holland	Gregor Gysi
Gebirge	Anastasia
Planet	Scheurebe
Begriff aus dem Schachsport	Donau
Autorin	Amsterdam
Backware	Bach
Landeshauptstadt	Alpen

Bearbeitungszeit: 4 Minuten

121.

Naturforscher	David Gilmour
Theologin	Lindau
Fußballer	Claude Monet
Schachweltmeister	Times New Roman
Edelstein	Kasparov
Naturkatastrophe	Silvaner
Rechenart	Eiche
Lexikon	Charles Darwin
Wintersportort	Computer
Politikerin	Margot Käßmann
Elektronisches Bauteil	Trier
Berühmter Gitarrist	Ronaldo
Stadt in Süddeutschland	Manuela Schwesig
Baumart	Seefeld
Destruktives Gefühl	Saphir
Weinsorte	Multiplikation
Berühmter Maler	Brockhaus
Tageszeitung	Vulkanausbruch
Rechenhilfsmittel	Widerstand
Ort an der Mosel	Die Zeit
Schrifttyp	Geiz

Bearbeitungszeit: 4 Minuten

V)   Passende Begriffe finden

In der folgenden Rubrik geht es darum, dass du zu einem vorgegebenen Oberbegriff aus einer Liste exakt nur solche Wörter herausfindest, die zu dem vorgegebenen Oberbegriff passen.

Beispiel:

Angenommen, der Oberbegriff lautet „Schule". Gegeben sei folgende Liste:

Schulhof – Lehrerin – Kino – Schulranzen – Federmäppchen – Schwimmbad – Sommerferien – Mitschülerin – Noten – Zeugnis – Fahrradsattel – Pausengong – Klassenarbeit – Erdbeereis – Schokolade – Lehrerpult – Lehrerzimmer – Nachhilfeunterricht – Reitsport - Aula

Hier lauten die korrekten Wörter, die allesamt dem Oberbegriff „Schule" zugeordnet werden können:

Schulhof, Lehrerin, Schulranzen, Federmäppchen, Sommerferien, Mitschülerin, Noten, Zeugnis, Pausengong, Klassenarbeit, Lehrerpult, Lehrerzimmer, Nachhilfeunterricht, Aula

122. Der vorgegebene Begriff lautet „Deutsche Städte":

Gegeben ist folgende Liste:

Hamburg – Erlangen – Prag – Bochum – Duisburg – Warschau – Bremen – Dresden – Karlsruhe – Venlo – Paris – Stuttgart – Lübeck – Norderstedt – Marseille – Bombay – Toronto – Gelsenkirchen – Nürnberg – Düsseldorf – Lindau – Kopenhagen – Brüssel – Dortmund – Swansea – Köln – Bitburg – Bern – Wien – Norden – Berlin – Oslo – Genf – Bonn – Rostock – Freiberg – Kairo – Istanbul – Münster – Mainz – Frankfurt – Lyon - Mannheim

Bearbeitungszeit: 2 Minuten

123.

Der vorgegebene Begriff lautet „Kubikzahlen":

Kleine Hilfe: Eine Kubikzahl entsteht, wenn du eine natürliche Zahl in folgender Art und Weise zweimal mit sich selbst multiplizierst, sodass die Ausgangszahl genau dreimal in der Rechenaufgabe wie folgt auftaucht:

Angenommen, es soll die Kubikzahl der Zahl 2 berechnet werden.

Dann musst du wie folgt rechnen:

2 x 2 x 2 = 8

Also lautet die Kubikzahl von 2 demnach 8.

Bei den folgenden Zahlen sollst du nun bitte herausfinden, ob die jeweils hier genannte Zahl tatsächlich eine Kubikzahl ist, die auf die hier oben beschriebene Art und Weise entstanden sein kann?

Gegeben ist folgende Liste:

27 – 16 – 39 – 64 – 216 – 320 – 516 – 125 – 199 – 343 – 411 – 448 – 512 – 668 – 772 – 729 – 881 – 1331 – 1455 – 2255 – 1728 – 3425 – 2744 - 4875

Bearbeitungszeit: 9 Minuten

W) Schnell Wörter finden

In dieser Rubrik geht es darum zu vorgegebenen Ausgangsbedingungen möglichst viele Wörter aufzuschreiben.

Beispiel: Angenommen, die Ausgangsbedingung lautet: Schreibe möglichst viele Wörter auf, die mit dem Anfangsbuchstaben B beginnen.

                     Dann könnte Ihre Liste z. B. wie folgt aussehen:

                     Baum – Bus – Bär – Brot – Buche – Bild – Bochum – Boot usw.

<u>Hinweis:</u> Zur Bearbeitung dieser Aufgabe darfst du einen Schreibblock verwenden.

124.   a)   Schreib' nun binnen einer Minute möglichst viele Wörter auf, die mit dem Buchstaben „K" beginnen.

        b)   Schreib' bitte binnen einer Minute möglichst viele Wörter auf, deren dritter Buchstabe ein „f" ist.

        c)   Schreib' nun binnen einer Minute möglichst viele Adjektive auf, deren Anfangsbuchstabe ein „w" ist.

X)   Sinnlose Silben

In dieser Rubrik geht es darum, dass du dir möglichst viele „sinnlose"
Silben einprägst, die dann anschließend – nach einer dreiminütigen
Wartezeit – überprüft werden. Sinn und Zweck dieser Aufgabe ist es, deine
Gedächtnisfunktion zu überprüfen.

125.   Präge dir bitte zunächst möglichst viele der nachfolgenden
        Silben ein. Für diesen Einprägevorgang stehen dir insgesamt
        fünf Minuten zur Verfügung.

ghj	rtz	jjl
wrr	tzt	hjk
dfg	kjh	wsc
qsc	ppl	wwt
vvb	nmn	xxc
ukk	qqk	ztz
bvc	xyx	ttm
ftb	ppw	njj
wxc	rnz	qmq
vvx	zhg	bpb

Nachdem die acht Minuten Einprägezeit zzgl. der Wartezeit von drei
Minuten vorbei sind, blätterst du bitte um auf die nächste Seite.

Bitte achte unbedingt darauf, dass du während der Wartezeit keinen Blick
mehr auf die vorherige Tabelle mit den sinnlosen Silben wirfst; das ist
ausdrücklich so gewollt.

Markiere nun in der folgenden Tabelle genau die zehn Silben, die in der vorherigen Tabelle tatsächlich vorgekommen sind.

Bearbeitungszeit: 3 Minuten

uur	ppl	yop
llk	kks	hjk
wii	wmj	aik
dfg	qqk	xxc
oop	wpl	lld
tli	qkv	wmj
rrm	soi	doi
qiq	emb	sin
ukk	rnz	fkh
tzt	nmn	njj

Y)   Merkfähigkeit

In der folgenden Rubrik wird deine Merkfähigkeit getestet. Zunächst solltest du dir möglichst viele Informationen binnen drei Minuten einprägen.

Anschließend blätterst du bitte auf die nächste Seite um, und beantwortest dann alle gestellten Fragen.

126. PolitikerInnen   :   Wagenknecht – Bosbach – Heil
                                    Lindner – Weidel - Habeck

      Chemisches Element :   Eisen – Argon – Plutonium
                                    Wasserstoff – Krypton

      Baumart   :   Ahorn – Buche – Eiche – Pappel
                                    Fichte

      Sportler   :   Neuer – Lahm – Nowitzki
                                    Pechstein – Lewandowksi

      Beruf   :   Lehrer – Bibliothekarin – Dozent
                                    Konditorin – Ärztin

      Religion   :   Buddhismus – Christentum – Islam
                                    Hinduismus – Judentum

      Getränk   :   Wein – Wasser – Eierlikör
                                    Bier – Schnaps

Bearbeitungszeit für alle folgenden Teilaufgaben: 3 Minuten

a)   Der Name welcher Sportler beginnt mit dem Buchstaben „L"?
b)   Welche der genannten chemischen Elemente beginnen mit einem Vokal?
c)   Welcher Getränkename endet mit dem Buchstaben „s"?
d)   Welche Religion enthält nur einmal den Buchstaben „u"?
e)   Welcher Beruf enthält nicht den Buchstaben „t"?
f)   Welche Politikernamen bestehen aus genau sieben Buchstaben?
g)   Welche Baumnamen beginnen mit einem Vokal?
h)   Welcher Sportlername enthält genau neun Buchstaben?
i)   Welche chemischen Elemente enden mit dem Buchstaben „n"?
j)   Welche Baumarten haben an der zweiten Stelle einen Vokal?

Z)   Sudoku

In dieser Rubrik soll ein Sudoku möglichst schnell gelöst werden.

Zielvorgabe: Sinn und Zweck des folgenden Sudokus ist es, dass in jeder
Zeile sowie in jeder Spalte, und zudem in jedem einzelnen
3 x 3 Quadrat jede der Ziffern von 1 bis 9 exakt einmal
vorkommt. In keiner Zeile, keiner Spalte und keinem
3 x 3 Quadrat dürfen einzelne Ziffern mehrfach vorkommen;
und es darf zudem keine Ziffer fehlen.

Bearbeitungszeit: 15 Minuten

127.

4		6		7	9	8		2
3		1	2		6		5	
	8	9		5		6		1
9		2			3	7		6
	6		9		8			
		5		2			4	3
6			7	3		1	9	8
	9		4		1		2	
1		7		9		5		4

Lösungen

A)   Sprachliche Intelligenz: Welches Wort passt nicht?

1. Schwimmen
2. Rom
3. Sackhüpfen
4. Klarinette
5. Darm
6. Winnetou
7. Fuchs
8. hüpfen

B)   Sprachliche Intelligenz: Gleiche Wortbedeutung?

9. groß
10. missmutig
11. rasant
12. ausharren
13. fehlschlagen
14. zerquetschen
15. dreckig
16. unredlich

C)   Sprachliche Intelligenz: Buchstabensalat

17.   Wasser
18.   Lehrer
19.   Schule
20.   Pause
21.   Kreide
22.   Tafel

23. Sport
24. Kunst
25. Lernen
26. Zeugnis

D) Sprachliche Intelligenz: Buchstabengruppen

27. EHKNR
28. EGHUV
29. BGKMU
30. NQRSU

E) Sprachliche Intelligenz: Buchstabenreihen

31. y
32. p
33. k
34. v
35. m

F) Logisches Denken: Analogien

36. Monat
37. Märchengestalten
38. Zeitungsartikel
39. Lehrer
40. Ohren
41. Kleinstadt
42. Sprache
43. Herzdame

G)   Logisches Denken: Schlussfolgerungen

44.   C
45.   B
46.   Barbara
47.   Max
48.   Franz
49.   46
50.   4

H)   Logisches Denken: Zahlenreihen ergänzen

51.   Berechnungsschema: +3
       Gesuchte Zahl: 16
52.   Berechnungsschema: +7, -2
       Gesuchte Zahl: 18
53.   Berechnungsschema: *3
       Gesuchte Zahl: 486
54.   Berechnungsschema: :2
       Gesuchte Zahl: 64
55.   Berechnungsschema: *3, -1
       Gesuchte Zahl: 14
56.   Berechnungsschema: *2, +3, -2
       Gesuchte Zahl: 7
57.   Berechnungsschema: 1*1, 2*2, 3*3, 4*4 usw.
       Gesuchte Zahl: 49
58.   Berechnungsschema: Höchste einstellige Zahl, höchste
                           zweistellige Zahl, höchste dreistellige
                           Zahl usw.
       Gesuchte Zahl: 999999

I)   Logisches Denken: Zahlmatrizen

59.   32
60.   50
61.   13
62.   221
63.   54

J)   Logisches Denken: Wochentage

64.   Dienstag
65.   Freitag
66.   Dienstag
67.   Dienstag
68.   Samstag

K)   Logisches Denken: Unmögliches erkennen

69.   d
70.   d
71.   b
72.   c
73.   e

L)   Logisches Denken: Meinung oder Tatsache?

74.   Tatsache
75.   Tatsache
76.   Meinung
77.   Tatsache
78.   Tatsache

79. Meinung
80. Meinung
81. Tatsache
82. Tatsache
83. Meinung

M) Mathematische Fähigkeiten: Kopfrechnen

84. 50
85. 101
86. 624
87. 8
88. 117
89. 2050
90. 616
91. 81
92. 11106
93. 0

N) Mathematische Fähigkeiten: Rechenzeichen einsetzen

94.	*			
95.	-			
96.	*	*		
97.	/	+		
98.	+	+	-	
99.	*	+	-	*
100.	+	+	+	-
101.	/	*	+	+
102.	-	+	+	/

O)   Beobachtungsgabe: Welches Zeichen ist anders in einer Reihe?

103.   I
104.   P
105.   M
106.   B
107.   Ö
108.   L
109.   F
110.   N
111.   V

P)   Merkfähigkeit: Wörter einprägen, falsche Wörter identifizieren

112 a) 3. Spalte
112 b) Psychologe
112 c) 2. Zeile, Hänsel und Gretel
112 d) Rhein, Mosel, Wupper

113 a) Saturn
113 b) 5. Zeile
113 c) Hektar
113 d) Ford, Fiat
113 e) Sachsen-Anhalt
113 f) 5. Zeile

114 a) 256
114 b) 97
114 c) 333, 777
114 d) 784
114 e) 43
114 f) 224, 227, 256
114 g) 400
114 h) 67

Q)   Merkfähigkeit: Begriffe merken

115 a) 4. Zeile
115 b) Reis
115 c) 5. Zeile
115 d) Nürnberg
115 e) Schweden
115 f) Silvester
115 g) Düsseldorf
115 h) Computer
115 i) rosa, gelb
115 j) Pfingsten

R)   Merkfähigkeit: Adressen merken

116 a) Hermann Goll
116 b) 57 Jahre
116 c) Modeschöpferin
116 d) Wallstraße 37
116 e) Tülay Önöz
116 f) 70200 Stuttgart
116 g) Sonja Marx
116 h) Iris Krämer
116 i) Wolfgang Schuster
116 j) Malermeister

S)   Merkfähigkeit: Texte einprägen, anschließend Fragen beantworten

117 a) Montag, 01. April 2019
117 b) Albert-Einstein-Grundschule
117 c) 15
117 d) Frau Wissensreich

117 e) Sicher reisen
117 f) Herr Schulz
117 g) 45 Minuten
117 h) Ratingen, Essen, Duisburg
117 i) Jupiter
117 j) 384.000 Kilometer
117 k) mindestens 100 Milliarden
117 l) 17 Uhr

T)   Interpretation von Statistiken

118 a) B
118 b) A, D
118 c) C
118 d) 3. Wettbewerb

119 a) 2014
119 b) G
119 c) C, H
119 d) C

U)   Oberbegriffe finden

120.   Politiker   :   Gregor Gysi
       Hauptstadt   :   Helsinki
       Fluss   :   Donau
       Moderator   :   Günther Jauch
       Kulinarische Spezialität   :   Aachener Printen
       Alkoholisches Getränk   :   Scheurebe
       Astrophysiker   :   Michio Kaku
       Sängerin   :   Anastasia
       Komponist   :   Bach

Stadt in Holland	:	Amsterdam
Gebirge	:	Alpen
Gasplanet	:	Saturn
Begriff aus dem Schachsport	:	Zugzwang
Autorin	:	Sahra Wagenknecht
Backware	:	Dinkelbrot
Landeshauptstadt	:	Hannover

121.
Naturforscher	:	Charles Darwin
Theologin	:	Margot Käßmann
Fußballer	:	Ronaldo
Schachweltmeister	:	Kasparov
Edelstein	:	Saphir
Naturkatastrophe	:	Vulkanausbruch
Rechenart	:	Multiplikation
Lexikon	:	Brockhaus
Wintersportort	:	Seefeld
Politikerin	:	Manuela Schwesig
Elektronisches Bauteil	:	Widerstand
Berühmter Gitarrist	:	David Gilmour
Stadt in Süddeutschland	:	Lindau
Baumart	:	Eiche
Destruktives Gefühl	:	Geiz
Weinsorte	:	Silvaner
Berühmter Maler	:	Claude Monet
Tageszeitung	:	Die Zeit
Rechenhilfsmittel	:	Computer
Ort an der Mosel	:	Trier
Schrifttyp	:	Times New Roman

V)   Passende Begriffe finden

122.   Hamburg – Erlangen – Bochum – Duisburg – Bremen – Dresden – Karlsruhe – Stuttgart – Lübeck – Norderstedt – Gelsenkirchen – Nürnberg – Düsseldorf – Lindau – Dortmund – Köln – Bitburg – Norden – Berlin – Bonn – Rostock – Freiberg – Münster – Mainz – Frankfurt – Mannheim

123.   27 – 64 – 125 – 216 – 343 – 512 – 729 – 1331 – 1728 - 2744

W)   Schnell Wörter finden

124.   Hier ist die jeweilige Lösung selbsterklärend.

X)   Sinnlose Silben

125.   dfg – ukk - tzt – ppl – nmn – qqk – rnz – hjk – xxc - njj

Y)   Merkfähigkeit

126.   a)   Lahm, Lewandowksi
        b)   Eisen, Argon
        c)   Schnaps
        d)   Christentum
        e)   Lehrer
        f)   Bosbach, Lindner
        g)   Ahorn, Eiche
        h)   Pechstein
        i)   Eisen, Argon, Krypton
        j)   Buche, Eiche, Pappel, Fichte

Z)   Sudoku

127.

4	5	6	1	7	9	8	3	2
3	7	1	2	8	6	4	5	9
2	8	9	3	5	4	6	7	1
9	4	2	5	1	3	7	8	6
7	6	3	9	4	8	2	1	5
8	1	5	6	2	7	9	4	3
6	2	4	7	3	5	1	9	8
5	9	8	4	6	1	3	2	7
1	3	7	8	9	2	5	6	4

Punkteverteilung

1	:	1	51	:	2	86 a	:	1
2	:	1	52	:	2	86 b	:	1
3	:	1	53	:	2	86 c	:	1
4	:	1	54	:	2	86 d	:	1
5	:	1	55	:	3	86 e	:	1
6	:	1	56	:	3	86 f	:	1
7	:	1	57	:	3	86 g	:	1
8	:	1	58	:	3	86 h	:	1
9	:	1	59	:	2	86 i	:	1
10	:	1	60	:	2	86 j	:	1
11	:	1	61	:	2	87 a	:	1
12	:	1	62	:	2	87 b	:	1
13	:	1	63	:	2	87 c	:	1
14	:	1	64	:	2	87 d	:	1
15	:	1	65	:	2	87 e	:	1
16	:	1	66	:	2	87 f	:	1
17	:	1	67	:	2	87 g	:	1
18	:	1	68	:	2	87 h	:	1
19	:	1	69	:	2	87 i	:	1
20	:	1	70	:	2	87 j	:	1
21	:	1	71	:	2	88 a	:	1
22	:	1	72	:	2	88 b	:	1
23	:	1	73	:	2	87 c	:	1
24	:	1	74	:	1	87 d	:	1
25	:	1	75	:	1	87 e	:	1
26	:	1	76	:	1	87 f	:	1
27	:	2	77	:	1	87 g	:	1
28	:	2	78	:	1	87 h	:	1
29	:	2	79	:	1	87 i	:	1
30	:	2	80	:	1	87 j	:	1
31	:	2	81	:	1	87 k	:	1
32	:	2	82	:	1	87 l	:	1

33	:	2	83	:	1	101	:	3
34	:	2	84	:	1	102	:	3
35	:	2	85	:	1	103	:	1
36	:	2	86	:	1	104	:	1
37	:	2	87	:	2	105	:	1
38	:	2	88	:	2	106	:	1
39	:	2	89	:	2	107	:	1
40	:	2	90	:	3	108	:	1
41	:	2	91	:	3	109	:	1
42	:	2	92	:	3	110	:	1
43	:	2	93	:	3	111	:	1
44	:	3	94	:	3	112 a	:	2
45	:	3	95	:	3	112 b	:	2
46	:	3	96	:	3	112 c	:	2
47	:	3	97	:	3	112 d	:	2
48	:	3	98	:	3	113 a	:	2
49	:	3	99	:	3	113 b	:	2
50	:	3	100	:	3	113 c	:	2

113 d	:	2	115 e	:	2	116 j	:	2
113 e	:	2	115 f	:	2	117 a	:	2
113 f	:	2	115 g	:	2	117 b	:	2
114 a	:	2	115 h	:	2	117 c	:	2
114 b	:	2	115 i	:	2	117 d	:	2
114 c	:	2	115 j	:	2	117 e	:	2
114 d	:	2	116 a	:	2	117 f	:	2
114 e	:	2	116 b	:	2	117 g	:	2
114 f	:	2	116 c	:	2	117 h	:	2
114 g	:	2	116 d	:	2	117 i	:	2
114 h	:	2	116 e	:	2	117 j	:	2
115 a	:	2	116 f	:	2	117 k	:	2
115 b	:	2	116 g	:	2	117 l	:	2
115 c	:	2	116 h	:	2	118 a	:	2
115 d	:	2	116 i	:	2	118 b	:	2

118 c	:	2
118 d	:	2
119 a	:	2
119 b	:	2
119 c	:	2
119 d	:	2

120 : Je richtige Zuordnung 1 Punkt (insgesamt 16 Punkte)

121 : Je richtige Zuordnung 1 Punkt (insgesamt 21 Punkte)

122 : Für jede richtig erkannte deutsche Stadt gibt es 1 Punkt. Insgesamt also 26 Punkte. Für jede falsch genannte Stadt wird 1 Punkt abgezogen.

123 : Für jede korrekte Kubikzahl gibt es 1 Punkt. Insgesamt demnach 10 Punkte. Für jede falsche Kubikzahl wird 1 Punkt abgezogen.

124 a :
0 – 3 Wörter	:	1 Punkt
4 – 6 Wörter	:	2 Punkte
7 – 9 Wörter	:	3 Punkte
>= 10 Wörter	:	4 Punkte

124 b :
0 – 3 Wörter	:	1 Punkt
4 – 6 Wörter	:	2 Punkte
7 – 9 Wörter	:	3 Punkte
>= 10 Wörter	:	4 Punkte

124 c :
0 – 3 Wörter	:	1 Punkt
4 – 6 Wörter	:	2 Punkte
7 – 9 Wörter	:	3 Punkte
>= 10 Wörter	:	4 Punkte

125 : Je richtig markierte Silbe 2 Punkte (Insgesamt 20 Punkte). Für jede falsch markierte Silbe werden 2 Punkte abgezogen.

126 a-j : Je 2 Punkte. (Insgesamt 20 Punkte)

127 : Für das Sudoku gibt es – allerdings nur bei vollständig korrekter Lösung 40 Punkte.

Auswertung

Wie schon zuvor erwähnt, handelt es sich bei dem hier vorliegenden IQ-Test nicht um einen solchen, der unter wissenschaftlichen Aspekten erstellt wurde, sondern vielmehr um einen solchen, der dir die Gelegenheit geben sollte, möglichst typische Testaufgaben aus klassischen Bereichen (Logik, Sprache, Gedächtnis usw.) trainieren zu können.

Aus diesem Grund wird hier auch bewusst darauf verzichtet, konkrete IQ-Werte zu nennen. Voraussetzung dafür wäre eine wissenschaftlich gesicherte sowie statistisch-signifikante Kontrollgruppe, die hier jedoch nicht Gegenstand dieses IQ-Tests gewesen ist.

Von daher werden hier absichtlich nur grobe Orientierungsmarken genannt, so dass du dich mit anderen Kindern, die diesen IQ-Test unter vergleichbaren Bedingungen durchführen, vergleichen kannst.

Unabhängig davon, wie dein konkretes Testergebnis hier ausgefallen ist, solltest du bitte niemals vergessen, dass der hier ermittelte Testwert nichts über deine Qualitäten als Mensch aussagt. Neben verschiedenen intellektuellen Fähigkeiten, die sich mit klassischen Tests messen lassen, gibt es viele höchst wichtige und wertvolle Werte, die einen Menschen auszeichnen. Bitte vergiss das nicht, falls dein Testergebnis hier nicht so gut ausgefallen sein sollte, wie du es dir vielleicht erhofft hast.

505 – 511	:	Herausragendes Ergebnis
490 – 504	:	Sehr gutes Ergebnis
440 – 489	:	Ergebnis im oberen Mittelfeld
350 – 439	:	Durchschnittliches Ergebnis
300 – 349	:	Leicht unterdurchschnittliches Ergebnis
220 – 299	:	Ausbaufähiges Ergebnis
170 – 219	:	Relativ schwaches Ergebnis
100 – 169	:	Sehr schwaches Ergebnis
0 – 99	:	Extrem schwaches Ergebnis

Abschließende Empfehlung:

Bitte bedenke, dass sich derartige IQ-Testaufgaben innerhalb eines gewissen Leistungsrahmens trainieren lassen. Je häufiger du Testaufgaben solcher Art übst, desto besser werden perspektivisch deine Testergebnisse ausfallen.

Von daher solltest du dein hier ermitteltes Testergebnis bitte nur als eine Momentaufnahme betrachten, die nicht für alle Zeiten „in Stein gemeißelt ist".

Ich wünsche dir viel Freude sowie viel Erfolg bei deinem persönlichen IQ-Test!

Düsseldorf, im Frühjahr 2019

Kontakt zum Autor:

Psychologische Beratung & Lerncoaching, Aribert Böhme
Psychologischer Berater (SGD-Dipl.) & Lerncoaching
DV-Kfm. & EDV-Dozent & Autor
Mitglied im Who-is-Who Deutschland & Europa
E-Mail: Psychologische_Beratung_Boehme@gmx.de
Internet: www.aribertboehme.de

Notizen

Notizen

Buchempfehlungen:

IQ-Training für Kinder 2020
ISBN-13: 9783750411272
Aribert Böhme
Erscheinungsdatum: 09.03.2020
Erhältlich als Buch und als eBook.

IQ-Training für Kinder 2021
ISBN-13: 9783752627466
Aribert Böhme
Erscheinungsdatum: 20.10.2020
Erhältlich als Buch und als eBook.

Denkanstöße 2018
52 Denkimpulse für 52 Wochen Deines Lebens
Aribert Böhme
ISBN-13: 9783746027579
Erhältlich als Buch und als eBook.

Gedichte & Interpretationen in Symbiose
Denkimpulse für wachsame Geister
Aribert Böhme & Raimundo Germandi
ISBN-13: 9783752832143
Erhältlich als Buch und als eBook.

Begleitende Videoliste zum Buch:
http://www.aribertboehme.de/Videoliste_2018.pdf

Siehe bitte auch folgende Internetseite:
Raimundo Germandi (Dichter & Denker)
http://raimundo-germandi.de/

Lernpsychologie kompakt
Basiswissen für interessierte Laien
Aribert Böhme
ISBN-13: 9783743196117
Erhältlich als Buch und als eBook.

Kontakt zum Autor:

Psychologische Beratung, Aribert Böhme

Psychologischer Berater (SGD-Dipl.) & Lerncoach

DV-Kfm. & EDV-Dozent & Autor

Mitglied im Who-is-Who Deutschland & Europa

E-Mail: Psychologische_Beratung_Boehme@gmx.de

Internet: www.aribertboehme.de